Stefan Stelzhammer

Startklar für die GmbH
- Effizient, professionell, erfolgreich

Copyright © [2024]
[Stefan Stelzhammer]

Alle Rechte vorbehalten.

Die Rechte des hier dargestellten Buches liegen ausschließlich beim Verfasser. Eine Verwendung oder Verarbeitung des Textes ist untersagt und bedarf in Ausnahmefällen einer klaren Zustimmung des Verfassers.

ISBN: 9798332585302

INHALT

Vorwort 6
Brief an den Leser 7
Einleitung 9
Brainstorming vor der Gründung 11
Ideenflut durch Brainstorming 13
Nach dem Brainstorming 15
Die Gesellschafterbesprechung 16
Die richtige Unternehmensform 17
Vor- und Nachteile der GmbH 18
Checkliste für die GmbH Gründung 20
Geschäftsidee und Businessplan 20
GmbH als Unternehmensform 22
Gesellschaftervertrag aufsetzen 23
Stammeinlage 25
Gründungsvertrag erstellen 26
Gewerbeanmeldung 27
Steuernummer beantragen 29
Sozialversicherungspflicht prüfen 30
Erstellung eines Geschäftskontos 32
Versicherungen abschliessen 33
Buchhaltung einrichten 36
Gesellschafterversammlungen 38
Ablauf einer Gesellschafterversammlung 39
Akquise von Kunden 40

Unternehmensstrategie 42

Nach der Gründung 43

Checkliste für die GmbH Gründung 45

Fragen und Antworten 48

Schlusswort 53

Track Record - Stefan Stelzhammer 55

Meine Internetpräsenz 59

Vorwort

Als Mediator habe ich mich auf die Vermittlung von Konflikten spezialisiert. Mein Ziel ist es, eine Win-Win-Situation für alle Beteiligten zu schaffen und langfristige Lösungen zu finden.

In meiner Arbeit als Mediator setze ich auf Empathie und Verständnis für beide Seiten. Ich höre aktiv zu und versuche, die Bedürfnisse aller Parteien herauszufinden. Dabei achte ich darauf, dass jeder seine Perspektive darlegen kann und sich gehört fühlt.

Durch gezielte Fragen bringe ich Klarheit in den Konfliktverlauf und erarbeite gemeinsam mit den Beteiligten mögliche Lösungsansätze. Hierbei lege ich großen Wert darauf, dass diese realistisch umsetzbar sind.

Meine Erfahrung zeigt mir immer wieder: Eine erfolgreiche Konfliktlösung basiert auf einer offenen Kommunikation sowie dem Willen beider Seiten zur Zusammenarbeit.

Da ich, neben meiner Tätigkeit als Mediator auch fertigausgebildeter und erfahrener Versicherungs- und Vermögensberater bin, kann ich Ihnen in jeder Lebenslage unterstützend zur Seite stehen.

Als neutraler Dritter stehe ich Ihnen somit gerne und überall zur Seite - kontaktieren Sie mich einfach!

Brief an den Leser

Liebe Leserinnen und Leser,

ich freue mich, Ihnen mein neuestes Buch "**Startklar für die GmbH - Effizient, professionell, erfolgreich**" vorstellen zu dürfen. In diesem Brief möchte ich Ihnen einen Einblick in die Inhalte und Ziele des Buches geben.

Meine Absicht ist es, Ihnen als Leser einen fundierten und praxisorientierten Leitfaden zur Verfügung zu stellen, der Sie bei der Gründung und Führung einer GmbH unterstützt. Ob Sie bereits Unternehmer sind, vor der Gründung einer GmbH stehen oder sich einfach über dieses Thema informieren möchten - dieses Buch bietet Ihnen wertvolles Wissen und konkrete Tipps für den erfolgreichen Aufbau und die effiziente Verwaltung einer GmbH.

In meinem Buch behandele ich alle wichtigen Schritte und Aspekte, die bei der Gründung einer GmbH zu beachten sind, angefangen bei der Wahl der Rechtsform über die Erstellung des Gesellschaftsvertrags bis hin zur Eintragung ins Handelsregister. Darüber hinaus gehe ich auf Themen wie Steuern, Versicherungen, Unternehmensstrategien und Marketing für die GmbH ein.

Bei der Strukturierung des Buches habe ich besonderen Wert auf eine logische Abfolge der Kapitel gelegt, um Ihnen eine übersichtliche und gezielte Orientierung zu ermöglichen.

Ich hoffe, dass mein Buch Ihnen dabei hilft, Ihre unternehmerischen Ziele zu verwirklichen und Ihre GmbH erfolgreich auf Kurs zu bringen. Ich bin überzeugt davon, dass Sie mit den Informationen und Empfehlungen aus meinem Buch bestmöglich auf die Herausforderungen des Unternehmertums vorbereitet sind.

Ich wünsche Ihnen inspirierende Erkenntnisse und viel Erfolg mit Ihrem GmbH-Projekt!

Viel Spaß beim Lesen!

Ihr Stefan Stelzhammer

Einleitung

In der heutigen Geschäftswelt erfreut sich die Gründung einer GmbH als Unternehmensform großer Beliebtheit. Die GmbH bietet Gründern zahlreiche Vorteile und Chancen, aber auch Herausforderungen und Fallstricke, die es zu beachten gilt.

Angesichts der steigenden Zahl von neuen Unternehmen, die sich für diese Rechtsform entscheiden, ist fundiertes Wissen und eine klare Orientierung bei der Gründung einer GmbH von entscheidender Bedeutung.

Mit diesem Buch möchten wir Ihnen eine umfassende und praxisnahe Anleitung an die Hand geben, um den Prozess der GmbH-Gründung Schritt für Schritt zu meistern. Egal, ob Sie als Einzelunternehmer den Schritt in die GmbH wagen, mit Partnern ein neues Unternehmen gründen oder bereits bestehende Strukturen in eine GmbH umwandeln möchten - dieses Buch bietet Ihnen wertvolle Informationen, Expertentipps und bewährte Strategien, um Ihre GmbH erfolgreich auf den Weg zu bringen.

Die Organisation und Verwaltung einer GmbH erfordern eine präzise Planung und klare Verantwortlichkeiten. Die Bestellung eines Geschäftsführers, die interne Organisationsstruktur und die Erstellung eines Organigramms sind wesentliche Schritte, um einen reibungslosen Ablauf im Unternehmen zu gewährleisten. Darüber hinaus sind Anmeldungen und Eintragungen beim Handelsregister, Gewerbeamt und Finanzamt unerlässlich, um die rechtliche Basis für das Unternehmen zu schaffen.

Versicherungen und Vorsorge spielen ebenfalls eine wichtige Rolle bei der Gründung einer GmbH. Die betriebliche Altersvorsorge, der Abschluss notwendiger Versicherungen wie Betriebshaftpflicht und Rechtsschutz sowie die Festlegung der Geschäftsanteile der Gesellschafter tragen zur langfristigen Sicherheit und Stabilität des Unternehmens bei. Durch die sorgfältige Berücksichtigung aller genannten Aspekte legen Gründer eine solide Grundlage für den Erfolg und die zukünftige Entwicklung ihrer GmbH.

Insgesamt ist die Gründung einer GmbH ein komplexer Prozess, der verschiedene Aspekte umfasst und eine gründliche Planung erfordert. Die Berücksichtigung aller genannten Ideen und Aspekte, die aus einem kreativen Brainstorming hervorgehen, ist entscheidend für den Aufbau eines starken und nachhaltigen Unternehmens. Durch die systematische Umsetzung dieser Erkenntnisse können Gründer die Weichen für eine erfolgreiche Zukunft stellen und ihre Visionen erfolgreich in die Realität umsetzen.

Von den rechtlichen und steuerlichen Grundlagen über die Wahl der passenden Gesellschaftsform bis hin zu praktischen Tipps zur Unternehmensführung und -entwicklung - dieses Buch begleitet Sie durch den gesamten Gründungsprozess und gibt Ihnen das nötige Rüstzeug, um Ihre GmbH erfolgreich auf dem Markt zu etablieren. Tauchen Sie ein in die Welt der GmbH-Gründung und profitieren Sie von unserem Fachwissen, um Ihre unternehmerischen Träume zu verwirklichen.

Brainstorming vor der Gründung

Ein Brainstorming vor der Gründung einer GmbH ist wichtig, da es den Gründern ermöglicht, kreative und innovative Ideen zu sammeln, verschiedene Perspektiven zu berücksichtigen und potenzielle Herausforderungen frühzeitig zu identifizieren. Hier sind einige Gründe, warum ein Brainstorming vor der Gründung einer GmbH von großer Bedeutung ist:

1. Ideenentwicklung:
Ein Brainstorming ermöglicht es den Gründern, Ideen für ihre Geschäftstätigkeit zu generieren und neue Lösungsansätze zu entwickeln. Durch den Austausch von Gedanken und Meinungen können unkonventionelle und originelle Konzepte entstehen, die den Erfolg des Unternehmens fördern.

2. Vielfalt der Perspektiven:
Durch die Beteiligung mehrerer Personen an einem Brainstorming können unterschiedliche Sichtweisen und Erfahrungen eingebracht werden. Dadurch werden blinde Flecken vermieden und eine umfassendere Betrachtung des Gründungsvorhabens ermöglicht.

3. Frühes Identifizieren von Risiken:
Während eines Brainstormings können potenzielle Risiken und Herausforderungen im Gründungsprozess frühzeitig erkannt und diskutiert werden. Dies ermöglicht es den Gründern, präventive Maßnahmen zu ergreifen und Strategien zu entwickeln, um mit möglichen Schwierigkeiten umzugehen.

4. Teamarbeit und Zusammenhalt:
Ein Brainstorming fördert die Teamarbeit und stärkt den Zusammenhalt zwischen den Gründern. Durch die gemeinsame Ideenentwicklung und Entscheidungsfindung entsteht ein Gefühl der Zusammengehörigkeit und Motivation, das den Erfolg des Unternehmens unterstützen kann.

5. Kreative Lösungsansätze:
Durch die Anwendung von kreativen Techniken wie Brainstorming können innovative Lösungsansätze für komplexe Probleme gefunden werden. Dies ermöglicht es den Gründern, sich von konventionellen Denkmustern zu lösen und neue Wege für ihr Unternehmen zu erkunden.

Insgesamt trägt ein Brainstorming vor der Gründung einer GmbH dazu bei, eine solide Grundlage für das Unternehmen zu schaffen, potenzielle Chancen zu erkennen, Risiken zu minimieren und kreative Lösungen zu entwickeln. Durch die bewusste Einbeziehung verschiedener Ideen und Perspektiven können die Gründer fundierte Entscheidungen treffen und ihr Unternehmen erfolgreich aufbauen.

Ideenflut durch Brainstorming

Geschäftsidee und Marktanalyse

Klar definierte Geschäftsidee, Umfassende Marktanalyse, Identifikation von Zielgruppe und Wettbewerbern

Klare Definition der Geschäftsidee

Einzigartigkeit des Produkt- oder Dienstleistungsangebots Alleinstellungsmerkmale gegenüber Wettbewerbern, Nutzen für die Zielgruppe deutlich hervorheben

Umfassende Marktanalyse

Identifikation von Zielgruppen und Kundenbedürfnisse, Analyse des Wettbewerbsumfelds, Positionierung im Markt, Trend- und Branchenanalysen, Bewertung des Marktpotenzials

Produkt- und Dienstleistungsentwicklung

Ideen für innovative Produkt- oder Servicekonzepte, Berücksichtigung von Kundennutzen und -erwartungen, Potenzielle Erweiterungsmöglichkeiten, Entwicklung von Differenzierungsstrategien

Vertriebs- und Marketingstrategien
Entwicklung von Vertriebskanälen und Absatzmärkten, Planung von Marketingmaßnahmen zur Bekanntheitssteigerung, Festlegung von Preisstrategien und Verkaufsförderungsmaßnahmen

Risikoanalyse und Chancenermittlung
Identifikation möglicher Risiken und Herausforderungen, Chancen für Wachstum und Diversifizierung erkennen, Maßnahmen zur Risikominimierung und Nutzungssteigerung festlegen

Zielsetzung und Meilensteine
Definieren von konkreten Zielen und Erfolgskriterien, Festlegung von Meilensteinen für die Umsetzung der Geschäftsidee, Zeitplanung und Ressourcenallokation (Ressourcenzuweisung) für die Realisierung des Projekts

Businessplan

Detaillierter Businessplan, Finanzplanung und Budgetierung, Marketing- und Vertriebsstrategie

Rechtliche Rahmenbedingungen

Auswahl eines geeigneten Firmennamens, Erstellung des Gesellschaftsvertrags, Notarielle Beurkundung

Kapitalaufbringung

Festlegung des Stammkapitals, Kapitaleinbringung durch Gesellschafter, Eröffnung eines Geschäftskontos

Gesellschafterstruktur

Anzahl und Rechte/Pflichten der Gesellschafter festlegen

Organisation und Verwaltung

Bestellung des Geschäftsführers, Interne Organisationsstruktur festlegen, Erstellung eines Organigramms und Aufgabenverteilung

Anmeldung und Eintragungen

Handelsregistereintragung, Gewerbeamt-Anmeldung, Steuerliche Erfassung beim Finanzamt

Versicherungen und Vorsorge

Betriebliche Altersvorsorge für Mitarbeiter und Geschäftsführer, Abschluss notwendiger Versicherungen (z.B. Betriebshaftpflicht, Rechtsschutz)

IT- und Infrastruktur

Aufbau einer robusten IT-Infrastruktur, Implementierung von Buchhaltungs- und Verwaltungssystemen, Sicherstellung der Datensicherheit und Datenschutz-Compliance

Personalmanagement

Erstellung von Arbeitsverträgen, Einstellung und Schulung von Mitarbeitern, Entwicklung eines Personalentwicklungsplans

Nach dem Brainstorming

Nachdem das Brainstorming abgeschlossen ist und Ideen gesammelt wurden, ist es wichtig, die nächsten Schritte sorgfältig zu planen und zu strukturieren. Der nächste Schritt könnte beispielsweise die Bewertung und Priorisierung der gesammelten Ideen sein. Dabei sollten Kriterien wie Umsetzbarkeit, Erfolgspotenzial und Ressourcenbedarf berücksichtigt werden, um die vielversprechendsten Ansätze auszuwählen.

Sobald die besten Ideen identifiziert sind, kann die Erarbeitung eines konkreten Konzepts oder Businessplans folgen. Hierbei werden die einzelnen Ideen ausgearbeitet und in einen praxisnahen Rahmen gesetzt, der die Umsetzung der Geschäftsidee ermöglicht. Der Businessplan kann Struktur und Richtung für das weitere Vorgehen vorgeben und dient als Leitfaden für alle Beteiligten.

Ein weiterer wichtiger Schritt nach dem Brainstorming ist die Festlegung von konkreten Zielen und Meilensteinen. Diese helfen dabei, den Fortschritt des Projekts zu überwachen, den Fokus zu behalten und gegebenenfalls Anpassungen vorzunehmen. Die Definition klarer Ziele ermöglicht es, den Erfolg zu messen und auf Kurs zu bleiben.

Darüber hinaus sollten nach dem Brainstorming auch die organisatorischen, finanziellen und rechtlichen Aspekte beachtet werden. Dazu gehören beispielsweise die Gründung einer GmbH, die Entwicklung eines Marketingplans, die Finanzierung des Projekts und die Erfüllung rechtlicher Anforderungen. Die rechtzeitige Klärung dieser Fragen ist entscheidend für den Erfolg und die nachhaltige Entwicklung des Vorhabens.

Die Gesellschafterbesprechung

Vor der Gründung einer Firma ist es entscheidend, dass sich potenzielle Gesellschafter regelmäßig treffen, um wichtige Aspekte und strategische Entscheidungen zu diskutieren. Diese Treffen dienen dazu, ein gemeinsames Verständnis und eine klare Kommunikation zwischen den Gründern zu gewährleisten. Durch den direkten Austausch können mögliche Unklarheiten beseitigt, offene Fragen beantwortet und Meinungsverschiedenheiten frühzeitig geklärt werden. Darüber hinaus bieten Gesellschaftertreffen die Möglichkeit, sich besser kennenzulernen, Vertrauen aufzubauen und eine gemeinsame Vision für das zukünftige Unternehmen zu entwickeln.

In diesen Treffen sollten verschiedene Themen besprochen werden, darunter die strategische Ausrichtung des Unternehmens, die Verteilung von Aufgaben und Verantwortlichkeiten, die Festlegung von Zielsetzungen und Meilensteinen sowie die Einbringung von Kapital und Ressourcen. Zudem ist es wichtig, rechtliche und organisatorische Fragen zu klären, wie die Wahl des Firmennamens, die Ausgestaltung des Gesellschaftsvertrags und die Bestellung des Geschäftsführers. Das Treffen könnte auch genutzt werden, um über Risiken und Chancen zu sprechen, die finanzielle Planung zu überprüfen und wichtige Entscheidungen für den Gründungsprozess zu treffen.

Ein regelmäßiger Austausch in Gesellschaftertreffen fördert nicht nur die Zusammenarbeit und Entscheidungsfindung, sondern stärkt auch das Commitment der Gesellschafter zum Unternehmen. Es bietet die Möglichkeit, Bedenken und Ideen offen zu diskutieren, Konflikte frühzeitig zu erkennen und gemeinsame Lösungen zu erarbeiten. Letztendlich können gut organisierte und produktive Gesellschaftertreffen dazu beitragen, einen soliden Grundstein für eine erfolgreiche Firmengründung zu legen und langfristig den Erfolg des Unternehmens zu sichern.

Die richtige Unternehmensform

Die Wahl der richtigen Unternehmensform ist ein entscheidender Schritt bei der Gründung eines Unternehmens. Zu den häufigsten Rechtsformen gehören das Einzelunternehmen, die GmbH (Gesellschaft mit beschränkter Haftung) und die UG (Unternehmergesellschaft). Jede dieser Unternehmensformen hat ihre eigenen Vor- und Nachteile, die angehende Unternehmer sorgfältig abwägen sollten.

Das Einzelunternehmen ist die einfachste Form der Unternehmensgründung, da hier nur eine Person als Inhaber agiert. Die Vorteile liegen in der schnellen Gründung, geringen Kosten und der Flexibilität in unternehmerischen Entscheidungen. Allerdings trägt der Inhaber das gesamte unternehmerische Risiko allein und haftet mit seinem persönlichen Vermögen.

Die GmbH ist eine beliebte Wahl aufgrund der beschränkten Haftung, wodurch das persönliche Vermögen der Gesellschafter geschützt ist. Zudem wirkt eine GmbH oft seriöser und vertrauenswürdiger auf Geschäftspartner und Investoren. Allerdings ist die Gründung einer GmbH mit höheren Kosten und bürokratischem Aufwand verbunden. Zudem gibt es strengere gesetzliche Vorgaben, die beachtet werden müssen.

Die UG kann als Alternative zur GmbH betrachtet werden, insbesondere für Gründer mit geringem Startkapital. Der Vorteil liegt in einem niedrigeren Mindestkapitalbedarf im Vergleich zur GmbH. Allerdings unterliegt eine UG gewissen Einschränkungen, wie z.B. einer Rücklagepflicht und einem höheren Stammkapital, das im Laufe der Zeit aufgestockt werden muss, um in eine GmbH umgewandelt zu werden. Es ist wichtig, die individuellen Bedürfnisse und Ziele des Unternehmens sorgfältig zu analysieren, um die optimale Unternehmensform zu wählen, die langfristigen Erfolg und Stabilität gewährleistet.

Sie bietet eine Win-Win-Situation, indem sie den Bedürfnissen und Interessen aller beteiligten Parteien gerecht wird und dabei die zwischenmenschlichen Beziehungen und die soziale Harmonie stärkt.

Vor- und Nachteile der GmbH

Die GmbH (Gesellschaft mit beschränkter Haftung) ist eine der beliebtesten Rechtsformen für Unternehmensgründungen, insbesondere in Deutschland. Die GmbH bietet eine Vielzahl von Vorteilen, die sie für viele Unternehmer attraktiv machen. Einer der Hauptvorteile ist die beschränkte Haftung, was bedeutet, dass die Gesellschafter nur bis zur Höhe ihrer Einlagen haften und ihr persönliches Vermögen geschützt ist. Dies schafft ein höheres Maß an Sicherheit für die Gesellschafter. Zudem wirkt eine GmbH in der Regel seriöser und vertrauenswürdiger auf Geschäftspartner, Kunden und Investoren, was sich positiv auf die Geschäftstätigkeit auswirken kann.

Ein weiterer Vorteil der GmbH ist die Trennung von Geschäfts- und Privatvermögen, was dazu beiträgt, die steuerlichen und finanziellen Angelegenheiten klar zu trennen. Dies erleichtert die Buchführung und ermöglicht eine bessere Übersicht über die Finanzen des Unternehmens. Darüber hinaus bietet die GmbH eine relativ stabile Rechtsform, die langfristige Planung und Entwicklung des Unternehmens unterstützt. Sie ermöglicht es den Gesellschaftern auch, verschiedene Personen in die Geschäftsleitung zu berufen, was die Arbeitsteilung und Spezialisierung fördert.

Trotz der zahlreichen Vorteile gibt es auch Nachteile, die mit der Gründung einer GmbH einhergehen. Einer der offensichtlichsten Nachteile ist der bürokratische Aufwand und die Kosten, die mit der Gründung und Führung einer GmbH verbunden sind.

Es müssen bestimmte Mindestkapitalanforderungen erfüllt werden, und die jährlichen Pflichten zur Buchhaltung und Rechnungslegung können zusätzliche Kosten und Zeit in Anspruch nehmen. Zudem unterliegt eine GmbH einer strengeren gesetzlichen Regulierung im Vergleich zu anderen Rechtsformen, was die Flexibilität in unternehmerischen Entscheidungen einschränken kann. Es ist daher wichtig, bei der Wahl der GmbH als Unternehmensform sowohl die Vorteile als auch die Herausforderungen sorgfältig abzuwägen und fundierte Entscheidungen zu treffen.

Checkliste für die GmbH Gründung

In den folgenden Seiten werden wir Ihnen eine umfassende Zusammenstellung von Schritten und Punkten präsentieren, die bei der Gründung einer GmbH zu beachten sind. Von der Planung über die rechtlichen Aspekte bis hin zur Umsetzung - diese Checkliste bietet Ihnen eine strukturierte Orientierungshilfe auf dem Weg zur erfolgreichen Unternehmensgründung. Lassen Sie uns gemeinsam die wichtigen Schritte durchgehen und sicherstellen, dass Sie bestens vorbereitet sind, um Ihr GmbH-Projekt in die Realität umzusetzen.

Geschäftsidee und Businessplan

Bei der Entwicklung einer Geschäftsidee und dem Erstellen eines Businessplans für eine GmbH ist es entscheidend, eine fundierte und zukunftsorientierte Strategie zu entwickeln. Zunächst sollte die Geschäftsidee klar definiert werden, inklusive Zielgruppe, Marktpotenzial und Alleinstellungsmerkmal.

Ein detaillierter Businessplan dient als Leitfaden und hilft, die Vision in konkrete Maßnahmen umzusetzen. Dieser sollte neben einer ausführlichen Beschreibung des Geschäftsmodells auch Finanzplanung, Marketingstrategien und personalbezogene Aspekte enthalten.

Beispiel 1:
Als Beispiel könnte eine GmbH gegründet werden, die sich auf nachhaltige Verpackungslösungen spezialisiert. Die Geschäftsidee wäre die Entwicklung und Produktion umweltfreundlicher Verpackungsmaterialien für Unternehmen verschiedener Branchen. Der Businessplan würde unter anderem Marktanalysen, Produktentwicklungsstrategien, Vertriebskanäle und ökonomische Prognosen enthalten, um Investoren und potenzielle Geschäftspartner von der Innovationskraft und Rentabilität des Projekts zu überzeugen.

Ein weiteres Beispiel wäre die Gründung einer GmbH im Bereich der digitalen Gesundheitstechnologie. Die Geschäftsidee könnte die Entwicklung einer Software sein, die medizinische Daten analysiert und personalisierte Gesundheitslösungen für Patienten bereitstellt. Der Businessplan würde neben technischen Details und Datenschutzmaßnahmen auch Kooperationen mit Krankenhäusern, Marketingstrategien zur Nutzergewinnung und Umsatzprognosen beinhalten, um das Potenzial des Unternehmens im wachsenden Gesundheitsmarkt zu unterstreichen.

GmbH als Unternehmensform

Bei der Rechtsformwahl für ein Unternehmen spielt die GmbH als juristische Person eine bedeutende Rolle. Die GmbH bietet den Vorteil der beschränkten Haftung, was bedeutet, dass das persönliche Vermögen der Gesellschafter bei Insolvenz der GmbH geschützt ist. Zudem verleiht die Bezeichnung "GmbH" dem Unternehmen ein professionelles Image und stärkt das Vertrauen von Kunden, Lieferanten und Investoren. Die Gründung einer GmbH erfordert ein Mindeststammkapital und die Eintragung ins Handelsregister, was mit gewissen bürokratischen Anforderungen verbunden ist.

Beispiel 1:
Ein Beispiel für die Wahl der GmbH als Unternehmensform könnte eine Bau- und Immobilienfirma sein, die einen Großauftrag für die Errichtung eines Bürokomplexes erhalten hat. Durch die Rechtsform der GmbH sind die Geschäftsführer und Gesellschafter vor hohen Haftungsrisiken geschützt, die im Bauwesen aufgrund möglicher Schadensersatzforderungen auftreten könnten. Die GmbH bietet auch die Möglichkeit, langfristige Partnerschaften mit Investoren und Bauunternehmen aufzubauen, da sie als verlässlicher und seriöser Geschäftspartner gilt.

Beispiel 2:
Ein weiteres Beispiel wäre die Gründung einer GmbH im Bereich der IT-Beratung, die sich auf die Implementierung von innovativen Softwarelösungen für mittelständische Unternehmen spezialisiert. Durch die Wahl der GmbH-Rechtsform signalisiert das Unternehmen Professionalität und Zuverlässigkeit, was für die Gewinnung von Kunden und die Erschließung neuer Geschäftsfelder entscheidend ist. Die beschränkte Haftung der GmbH schützt die Geschäftsführer und Gesellschafter vor den Risiken technischer Projekte und ermöglicht es, auch größere Aufträge mit einem sicheren Rückhalt anzunehmen.

Gesellschaftervertrag aufsetzen

Beim Aufsetzen eines Gesellschaftervertrags für eine GmbH ist es entscheidend, die Rechte, Pflichten und Verantwortlichkeiten der Gesellschafter klar und verbindlich zu regeln. Der Gesellschaftervertrag sollte Details wie die Verteilung der Geschäftsanteile, Entscheidungsprozesse, Gewinnbeteiligung, Ausscheidungsgründe sowie Regelungen für den Fall von Meinungsverschiedenheiten oder dem Ausscheiden eines Gesellschafters enthalten. Um Rechtssicherheit zu gewährleisten und potenzielle Streitigkeiten zu vermeiden, ist es empfehlenswert, den Gesellschaftervertrag notariell beurkunden zu lassen.

Beispiel 1:
Ein Beispiel für die Ausgestaltung eines Gesellschaftervertrags könnte sich auf eine GmbH im Bereich der Gastronomie beziehen. In diesem Fall könnten die Gesellschafter vereinbaren, dass Essens- und Getränkevorräte gemeinsam finanziert und verwaltet werden, um einen reibungslosen Betriebsablauf sicherzustellen. Der Gesellschaftervertrag könnte außerdem Regelungen zur Gewinnverteilung und zum Einsatz von Mitarbeitern enthalten, um eine klare und gerechte Zusammenarbeit zu gewährleisten. Durch die notarielle Beurkundung des Vertrags wird die Vereinbarung rechtsverbindlich und schafft Transparenz für alle Beteiligten.

Beispiel 2:
Ein weiteres Beispiel wäre die Gründung einer GmbH im Bereich der digitalen Medienproduktion, in der mehrere kreative Köpfe zusammenkommen, um innovative Inhalte zu erstellen. Der Gesellschaftervertrag könnte festlegen, wie die Urheberrechte an den erstellten Werken aufgeteilt werden, um Konflikte über geistiges Eigentum zu vermeiden. Zudem könnten Regelungen zur Beteiligung an neuen Projekten und zur Verteilung von Lizenzgebühren festgelegt werden. Durch die notarielle Beurkundung des Gesellschaftervertrags wird die vertragliche Basis für die kreative Zusammenarbeit rechtlich abgesichert und schafft Klarheit über die Rechte und Pflichten der Gesellschafter.

Stammeinlage

Einlagen der Gesellschafter in Form von Stammeinlagen sind ein wichtiger Bestandteil des Eigenkapitals einer Gesellschaft. Um diese Einlagen auf ein Geschäftskonto einzuzahlen, müssen die Gesellschafter entsprechende Maßnahmen ergreifen, um ihre Verpflichtungen zu erfüllen und die finanzielle Stabilität des Unternehmens zu gewährleisten. In der Regel erfolgt die Einzahlung durch eine Überweisung auf das Firmenkonto, wobei die genaue Vorgehensweise und Formalitäten im Gesellschaftsvertrag oder in der Satzung festgelegt sind.

Beispiel 1:
In einem GmbH-Gesellschaftsvertrag ist festgelegt, dass jeder Gesellschafter eine Stammeinlage in Höhe von 10.000 Euro zu leisten hat. Um diese Einlage zu erfüllen, überweist jeder Gesellschafter den Betrag auf das Geschäftskonto der Gesellschaft. Nachdem alle Gesellschafter ihre Einlagen geleistet haben, wird das Eigenkapital der GmbH entsprechend erhöht und das Unternehmen kann seine Geschäftstätigkeit aufnehmen.

Beispiel 2:
Ein neues Start-up-Unternehmen wird von drei Gesellschaftern gegründet, die jeweils 30% der Anteile halten. Laut Gründungsvertrag müssen die Gesellschafter ihre Einlagen innerhalb von zwei Wochen nach Gründung auf das Geschäftskonto der Gesellschaft einzahlen. Durch die Einzahlung ihrer Stammeinlagen sichern die Gesellschafter die finanzielle Basis des Unternehmens und legen den Grundstein für zukünftige Investitionen und Geschäftstätigkeiten.

In beiden Beispielen ist die ordnungsgemäße Einzahlung der Stammeinlagen entscheidend für die Kapitalausstattung und den Start des Geschäftsbetriebs.

Gründungsvertrag erstellen

Bei der Gründung eines Unternehmens ist es wichtig, einen Gründungsvertrag zu erstellen und notariell beurkunden zu lassen. Der Gründungsvertrag regelt die wesentlichen Rahmenbedingungen für die Gründung und den Betrieb des Unternehmens. Hierin werden unter anderem die Gesellschafter, ihre Anteile am Unternehmen, ihre Rechte und Pflichten, die Geschäftsführung, die Gewinnverteilung, sowie Regelungen zur Auflösung des Unternehmens festgelegt. Ein von allen Gesellschaftern unterzeichnetes und notariell beurkundetes Dokument bietet Rechtssicherheit und Klarheit über die Absprachen und Verpflichtungen der Beteiligten.

Beispiel 1:
Ein Beispiel für die Bedeutung eines Gründungsvertrages ist der Fall, dass ein Gesellschafter seine Anteile am Unternehmen verkaufen möchte. Ohne klare Regelungen im Gründungsvertrag könnte es zu Meinungsverschiedenheiten oder Streitigkeiten kommen, beispielsweise über den Verkaufspreis oder die Zustimmung der anderen Gesellschafter. Ein gut ausgearbeiteter Gründungsvertrag kann in einem solchen Fall als Leitfaden dienen und konkrete Prozesse für den Verkauf und die Übertragung von Anteilen festlegen.

Beispiel 2:
Ein weiteres Beispiel zeigt sich bei der Auflösung des Unternehmens. Auch in diesem Fall regelt der Gründungsvertrag wichtige Fragen, wie die Aufteilung des Vermögens, die Abwicklung von Verträgen und Kundenbeziehungen sowie die Vorgehensweise bei der Liquidation des Unternehmens. Ohne klare Vereinbarungen im Gründungsvertrag könnte der Prozess der Unternehmensauflösung erheblich erschwert werden und zu rechtlichen Auseinandersetzungen zwischen den Gesellschaftern führen. Daher ist es ratsam, von Anfang an einen Gründungsvertrag aufzusetzen und notariell beurkunden zu lassen, um potenzielle Konflikte im Vorfeld zu vermeiden.

Gewerbeanmeldung

Die Gewerbeanmeldung bei dem örtlichen Gewerbeamt ist ein obligatorischer Schritt für jeden, der ein gewerbliches Unternehmen gründen möchte. Diese Anmeldung ist gesetzlich vorgeschrieben und dient dazu, das Gewerbeamt über die Aufnahme einer gewerblichen Tätigkeit zu informieren.

Dabei werden wichtige Angaben zum Unternehmen, wie Name, Anschrift, Art des Gewerbes, voraussichtlicher Starttermin und gegebenenfalls weitere Informationen, erfasst. Die Gewerbeanmeldung ermöglicht es den Behörden, die gewerblichen Aktivitäten im jeweiligen Bezirk zu überwachen und sicherzustellen, dass alle gesetzlichen Vorschriften eingehalten werden.

Beispiel 1:
Ein Beispiel, das die Bedeutung der Gewerbeanmeldung verdeutlicht, liegt im Bereich der Gewerbesteuer. Durch die Gewerbeanmeldung wird das Unternehmen in das Gewerbesteuerregister aufgenommen, was eine Voraussetzung für die Abgabe der Gewerbesteuererklärung und die Zahlung der Gewerbesteuer ist. Ohne rechtzeitige und korrekte Gewerbeanmeldung könnte das Unternehmen Schwierigkeiten bei der Erfüllung steuerlicher Pflichten haben und möglicherweise finanzielle Sanktionen seitens des Finanzamtes riskieren.

Beispiel 2:
Ein weiteres Beispiel zeigt sich in der Einhaltung von behördlichen Vorschriften und Genehmigungen. Je nach Art des Gewerbes können zusätzliche Genehmigungen oder Erlaubnisse erforderlich sein, die im Rahmen der Gewerbeanmeldung beantragt werden müssen. Beispielsweise benötigen Unternehmen in bestimmten Branchen, wie dem Lebensmittelhandel oder dem Baugewerbe, spezielle Genehmigungen oder Zertifizierungen. Die Gewerbeanmeldung stellt sicher, dass die Behörden alle erforderlichen Unterlagen prüfen und gegebenenfalls weitere Schritte veranlassen können, um eine ordnungsgemäße Ausübung des Gewerbes zu gewährleisten.

Steuernummer beantragen

Die Beantragung einer Steuernummer beim Finanzamt ist ein wichtiger Schritt für jeden, der ein Unternehmen gründet oder selbstständig tätig ist. Die Steuernummer ist eine eindeutige Kennung, die es dem Finanzamt ermöglicht, das Unternehmen steuerlich zu erfassen und die korrekte Abwicklung steuerlicher Angelegenheiten sicherzustellen. Durch die Beantragung der Steuernummer werden Einkommensteuer, Umsatzsteuer und gegebenenfalls weitere Steuerarten für das Unternehmen festgelegt. Die Steuernummer ist somit eine wichtige Voraussetzung, um steuerliche Pflichten zu erfüllen und rechtlich korrekt zu handeln.

Beispiel 1:
Ein Beispiel für die Bedeutung der Steuernummer liegt im Bereich der Umsatzsteuer. Unternehmen, die umsatzsteuerpflichtig sind, müssen auf ihren Rechnungen die Umsatzsteuer ausweisen und regelmäßig Umsatzsteuervoranmeldungen beim Finanzamt einreichen. Die Steuernummer dient dabei als Identifikationsmerkmal für das Finanzamt, um die Umsatzsteuerzahlungen dem richtigen Unternehmen zuzuordnen. Ohne die Steuernummer könnten Unternehmen nicht korrekt abrechnen und es bestünde die Gefahr von steuerlichen Fehlern oder Versäumnissen.

Beispiel 2:
Ein weiteres Beispiel zeigt sich bei der Einkommenssteuererklärung. Selbstständige und Unternehmer müssen jährlich eine Einkommenssteuererklärung abgeben, in der sie ihre Einnahmen und Ausgaben gegenüber dem Finanzamt offenlegen. Die Steuernummer dient auch hier als Identifikationsmerkmal für das Finanzamt, um die Steuererklärung richtig zuzuordnen und eine reibungslose Bearbeitung sicherzustellen. Eine korrekte und rechtzeitige Beantragung der Steuernummer ist daher essenziell, um steuerliche Verpflichtungen zu erfüllen und mögliche Sanktionen wegen Verzögerungen oder falschen Angaben zu vermeiden.

Sozialversicherungspflicht prüfen

Bei der Gründung eines Unternehmens oder dem Start einer selbstständigen Tätigkeit ist es entscheidend, die Sozialversicherungspflicht zu prüfen und gegebenenfalls notwendige Schritte einzuleiten. Die Sozialversicherungspflicht betrifft die Versicherungspflicht in den Bereichen Kranken-, Pflege-, Renten- und Arbeitslosenversicherung. Selbstständige und Unternehmer müssen prüfen, ob sie diesen Versicherungspflichten unterliegen und gegebenenfalls ihre Sozialversicherungspflicht durch entsprechende Anträge klären.

Beispiel 1:
Ein Beispiel für die Bedeutung der Prüfung der Sozialversicherungspflicht liegt im Bereich der Krankenversicherung. Selbstständige und Unternehmer müssen sich eigenständig um ihre Krankenversicherung kümmern und gegebenenfalls eine freiwillige gesetzliche Krankenversicherung abschließen. Es ist wichtig, die Sozialversicherungspflicht in Bezug auf die Krankenversicherung zu prüfen, um keine Lücken im Versicherungsschutz zu haben und im Krankheitsfall finanziell abgesichert zu sein.

Beispiel 2:
Ein weiteres Beispiel zeigt sich bei der Rentenversicherung. Selbstständige und Unternehmer haben die Möglichkeit, sich freiwillig in der gesetzlichen Rentenversicherung abzusichern und somit Ansprüche für die Altersvorsorge aufzubauen. Die Prüfung der Sozialversicherungspflicht in Bezug auf die Rentenversicherung ist essenziell, um die eigene finanzielle Zukunft abzusichern und im Alter auf eine ausreichende Altersrente zurückgreifen zu können. Durch die rechtzeitige Klärung der Sozialversicherungspflicht und gegebenenfalls notwendiger Anträge können Selbstständige und Unternehmer ihre soziale Absicherung gewährleisten und eventuelle Risiken minimieren.

Erstellung eines Geschäftskontos

Die Eröffnung eines Geschäftskontos bei einer Bank ist ein wichtiger Schritt für jedes Unternehmen, unabhängig von seiner Größe. Ein Geschäftskonto dient zur Abwicklung von geschäftlichen Transaktionen, wie dem Empfang von Zahlungen von Kunden, der Bezahlung von Lieferanten und der Verwaltung von Unternehmensfinanzen. Durch die Trennung von privaten und geschäftlichen Finanzen wird die Buchhaltung erleichtert, die Transparenz erhöht und eine klare Übersicht über die finanzielle Situation des Unternehmens gewährleistet. Zudem bietet ein Geschäftskonto Zugang zu verschiedenen Bankdienstleistungen, wie Online-Banking, Kreditkarten oder Kredite für Geschäftszwecke.

Beispiel 1:
Ein Beispiel für die Bedeutung eines Geschäftskontos liegt in der Seriosität des Unternehmens. Durch die Verwendung eines separaten Geschäftskontos wird Professionalität und Seriosität gegenüber Kunden, Lieferanten und Geschäftspartnern signalisiert. Ein klar strukturierter Finanzstatus und eine nachvollziehbare Buchführung tragen zur Glaubwürdigkeit des Unternehmens bei und können Vertrauen aufbauen. Darüber hinaus erleichtert ein Geschäftskonto die steuerliche Abwicklung, da alle geschäftlichen Transaktionen übersichtlich und separat erfasst werden können.

Beispiel 2:
Ein weiteres Beispiel zeigt sich in der Liquiditätssteuerung und Finanzplanung. Durch die Nutzung eines Geschäftskontos können Unternehmer ihre Einnahmen und Ausgaben effizient verwalten. Sie behalten den Überblick über ihre finanzielle Situation, können Cashflow-Engpässe frühzeitig erkennen und gegebenenfalls Maßnahmen zur Liquiditätssicherung ergreifen.

Die klare Trennung von geschäftlichen und privaten Finanzen ermöglicht zudem eine präzise Budgetplanung und eine langfristige Finanzstrategie zur Sicherung des Unternehmenserfolgs. Daher ist die Erstellung eines Geschäftskontos bei einer Bank ein unverzichtbarer Schritt für Unternehmen, um ihre finanzielle Stabilität zu gewährleisten und ihre Wettbewerbsfähigkeit zu steigern.

Versicherungen abschliessen

Beim Aufbau eines Unternehmens ist es von entscheidender Bedeutung, die richtigen Versicherungen abzuschließen, um potenzielle Risiken abzudecken und das Unternehmen vor finanziellen Schäden zu schützen. Eine der wichtigsten Versicherungen für Unternehmer ist die Betriebshaftpflichtversicherung, die Schutz vor Schadensersatzansprüchen Dritter bietet, die während der betrieblichen Tätigkeit entstehen können. Diese Versicherung ist insbesondere wichtig, um sich gegen Schadensfälle wie Sachschäden, Personenschäden oder Vermögensschäden abzusichern.

Beispiel 1:
Ein Beispiel für die Bedeutung einer Betriebshaftpflichtversicherung liegt vor, wenn ein Kunde beim Besuch im Unternehmen stolpert und sich dabei verletzt. Ohne die entsprechende Versicherung müsste das Unternehmen die Kosten für die medizinische Behandlung und mögliche Schadensersatzforderungen selbst tragen, was zu erheblichen finanziellen Belastungen führen kann. Mit einer Betriebshaftpflichtversicherung ist das Unternehmen jedoch vor solchen Risiken geschützt und kann im Schadensfall auf die Versicherung zurückgreifen, um die Kosten zu decken und den Ruf des Unternehmens zu wahren.

Beispiel 2:
Ein weiteres wichtiges Beispiel ist die Berufshaftpflichtversicherung, die insbesondere für freiberuflich Tätige und Berufsgruppen wie Ärzte, Anwälte, Berater oder Architekten von großer Bedeutung ist. Diese Versicherung sichert gegen Fehler und fahrlässiges Handeln ab, die im Rahmen der beruflichen Tätigkeit entstehen können. Im Falle von fehlerhaften Beratungen, Behandlungen oder Planungen schützt die Berufshaftpflichtversicherung vor Schadensersatzforderungen und möglichen finanziellen Folgen für das Unternehmen oder den Selbstständigen. Durch den Abschluss der richtigen Versicherungen können Unternehmer ihr Risikomanagement verbessern und langfristig die Sicherheit ihres Unternehmens gewährleisten.

Eintragung in das Handelsregister

Die Eintragung in das Handelsregister ist ein wichtiger Schritt für Unternehmen, die einen kaufmännischen Betrieb führen oder ihre gewerbliche Tätigkeit ausüben. Das Handelsregister dient als öffentliches Verzeichnis, in dem Informationen zu Handelsgesellschaften, Gewerbetreibenden und anderen kaufmännischen Unternehmen eingetragen werden. Durch die Eintragung erhält das Unternehmen seine Rechtspersönlichkeit und wird rechtlich anerkannt. Zudem schafft die Eintragung Transparenz über die unternehmerischen Strukturen, die Geschäftsführung und weitere wichtige Informationen für Geschäftspartner, Kunden und Behörden.

Beispiel 1:
Ein Beispiel für die Bedeutung der Eintragung in das Handelsregister ist die Rechtsfähigkeit des Unternehmens. Erst mit der Eintragung in das Handelsregister entsteht die volle Rechtsfähigkeit des Unternehmens, was bedeutet, dass es rechtlich als eigenständige juristische Person gilt und somit Verträge abschließen, Klagen erheben oder verklagt werden kann. Ohne Eintragung im Handelsregister kann das Unternehmen seine Rechtsgeschäfte nicht vollumfänglich abwickeln und ist in seinen geschäftlichen Aktivitäten eingeschränkt.

Beispiel 2:
Ein weiteres Beispiel zeigt sich in der Außenwirkung und Glaubwürdigkeit des Unternehmens. Eintragungen im Handelsregister sind öffentlich einsehbar und geben Auskunft über die Strukturen und Geschäftsführung des Unternehmens. Diese Transparenz schafft Vertrauen bei Kunden, Lieferanten und Geschäftspartnern und signalisiert Professionalität und Seriosität. Eine korrekte und vollständige Eintragung im Handelsregister kann daher die Reputation des Unternehmens stärken und die Grundlage für eine erfolgreiche Geschäftstätigkeit legen.

Buchhaltung einrichten

Die Einrichtung einer ordnungsgemäßen Buchhaltung und die regelmäßige Vorbereitung von Steuererklärungen sind unerlässliche Schritte für jedes Unternehmen, um die finanzielle Gesundheit zu gewährleisten und gesetzliche Bestimmungen einzuhalten. Eine gut geführte Buchhaltung ermöglicht es Unternehmern, ihre Einnahmen und Ausgaben im Überblick zu behalten, Liquiditätsengpässe frühzeitig zu erkennen und fundierte Entscheidungen für das Unternehmen zu treffen. Die regelmäßige Vorbereitung von Steuererklärungen stellt sicher, dass das Unternehmen steuerliche Verpflichtungen erfüllt und keine Fristen versäumt, was zu finanziellen Strafen führen könnte.

Beispiel 1:
Ein Beispiel für die Wichtigkeit einer ordnungsgemäßen Buchhaltung ist die Erstellung von Jahresabschlüssen. Jahresabschlüsse wie die Gewinn- und Verlustrechnung oder die Bilanz geben Aufschluss über die wirtschaftliche Lage des Unternehmens und sind wichtige Grundlagen für strategische Planungen und Investitionsentscheidungen. Eine korrekte Buchhaltung ermöglicht es, die erforderlichen Informationen für die Erstellung dieser Abschlüsse bereitzustellen und die finanzielle Performance des Unternehmens transparent darzustellen.

Beispiel 2:
Ein weiteres Beispiel zeigt sich in der Vorbereitung und Abgabe von Umsatzsteuer- und Einkommensteuererklärungen. Die regelmäßige Erfassung und Aufzeichnung von Umsätzen, Ausgaben und steuerrelevanten Daten ist entscheidend für die korrekte Berechnung und Deklaration der Steuern. Durch eine zuverlässige Buchhaltung können Unternehmer rechtzeitig Steuererklärungen vorbereiten, potenzielle steuerliche Risiken minimieren und von möglichen steuerlichen Vergünstigungen profitieren. Die ordnungsgemäße Buchführung und die regelmäßige Vorbereitung von Steuererklärungen sind daher unverzichtbare Schritte, um die finanzielle Stabilität des Unternehmens sicherzustellen und steuerliche Compliance zu gewährleisten.

Gesellschafterversammlungen

Die regelmäßige Abhaltung von Gesellschafterversammlungen und die Erstellung von Protokollen sind grundlegende Bestandteile der Unternehmensführung und der Organisationsstruktur von Gesellschaften. In Gesellschafterversammlungen treffen sich die Gesellschafter, um wichtige Entscheidungen über das Unternehmen zu treffen, über strategische Belange zu diskutieren, Jahresabschlüsse zu genehmigen und Geschäftsführungsbeschlüsse zu treffen. Die Protokolle dieser Versammlungen dienen dazu, die besprochenen Themen, gefassten Beschlüsse und Diskussionen schriftlich festzuhalten und für alle Beteiligten transparent und nachvollziehbar zu dokumentieren.

Beispiel 1:
Ein Beispiel für die Bedeutung regelmäßiger Gesellschafterversammlungen ist die Wahl oder Abberufung von Geschäftsführern oder Vorständen. In solchen Versammlungen können die Gesellschafter über Personalentscheidungen abstimmen und somit maßgeblichen Einfluss auf die Unternehmensführung nehmen. Durch die Festlegung dieser wichtigen Positionen in Gesellschafterversammlungen wird gewährleistet, dass die Unternehmensleitung den Interessen der Gesellschafter entspricht und die Geschäftsführung auf die bestmögliche Weise ausgeführt wird.

Beispiel 2:
Ein weiteres Beispiel zeigt sich in der Genehmigung von Jahresabschlüssen und Dividendenausschüttungen. Gesellschafterversammlungen sind entscheidend, um über die Verteilung von Gewinnen und die Festlegung von Dividenden zu bestimmen. Die Zustimmung zu Jahresabschlüssen und Dividendenausschüttungen sichert die finanzielle Stabilität des Unternehmens und schafft Vertrauen bei den Gesellschaftern. Die Protokolle dieser Versammlungen bilden die Basis für die rechtliche Dokumentation der getroffenen Beschlüsse und sind ein wichtiges Instrument für die Unternehmensführung und -dokumentation.

Ablauf einer Gesellschafterversammlung

Die Gesellschafterversammlung ist ein wichtiges Organ einer GmbH, in dem die Gesellschafter zusammenkommen, um wichtige Entscheidungen für das Unternehmen zu treffen. Der Ablauf einer Gesellschafterversammlung folgt in der Regel einem strukturierten Prozess, um eine effiziente und transparente Beschlussfassung sicherzustellen.

Zu Beginn der Gesellschafterversammlung werden die Teilnehmer begrüßt und die ordnungsgemäße Einberufung der Versammlung überprüft. Es wird festgestellt, ob ausreichend Gesellschafter anwesend oder vertreten sind, um beschlussfähig zu sein. In vielen Fällen wird ein Protokollführer ernannt, der die Ergebnisse der Versammlung dokumentiert.

Anschließend erfolgt die Tagesordnungspunkte abarbeitung. Die Tagesordnung wird im Voraus festgelegt und den Gesellschaftern zusammen mit der Einladung zur Versammlung mitgeteilt. Die Gesellschafter diskutieren die einzelnen Tagesordnungspunkte, treffen Entscheidungen und fassen Beschlüsse zu den betreffenden Themen.

Während der Gesellschafterversammlung haben die Gesellschafter die Möglichkeit, Fragen zu stellen, Meinungen auszutauschen und Anträge zu stellen. Es werden wichtige Themen wie Jahresabschluss, Gewinnverwendung, Entlastung des Geschäftsführers, Kapitalerhöhungen oder Satzungsänderungen behandelt. Die Beschlüsse werden in der Regel mit einfacher Mehrheit der abgegebenen Stimmen gefasst, es sei denn, die Satzung der GmbH sieht eine andere Mehrheit vor.

Am Ende der Gesellschafterversammlung werden die getroffenen Beschlüsse zusammengefasst, protokolliert und von den Gesellschaftern unterzeichnet. Das Protokoll wird allen Gesellschaftern zugänglich gemacht und dient als rechtsgültige Dokumentation der Versammlungsergebnisse. Die Gesellschafterversammlung stellt somit ein wichtiges Instrument dar, um demokratische Entscheidungsprozesse in einer GmbH zu gewährleisten.

Akquise von Kunden

In der Startphase eines Unternehmens ist die Vermarktung der GmbH und die Akquise von Kunden von entscheidender Bedeutung, um Bekanntheit zu erlangen, Kunden zu gewinnen und Umsätze zu generieren. Eine gezielte Marketingstrategie ist essenziell, um potenzielle Kunden auf das Unternehmen aufmerksam zu machen und eine positive Wahrnehmung in der Zielgruppe zu schaffen. Durch Marketingmaßnahmen wie Online-Werbung, Social Media, Suchmaschinenoptimierung, Content-Marketing oder Events kann die GmbH ihre Zielgruppe erreichen und erste Kundenkontakte herstellen.

Beispiel 1:
Ein Beispiel für die Vermarktung einer GmbH in der Startphase ist die Nutzung von Social Media Plattformen zur Steigerung der Markenbekanntheit und Kundenakquise. Durch die regelmäßige Präsenz auf Plattformen wie Facebook, Instagram, LinkedIn oder Twitter kann das Unternehmen seine Zielgruppe direkt ansprechen, Inhalte teilen, Interaktionen fördern und potenzielle Kunden erreichen. Mit einer zielgerichteten Social Media Strategie können Unternehmen ihre Marke etablieren, Vertrauen aufbauen und eine Community aufbauen, die langfristige Kundenbeziehungen unterstützt.

Beispiel 2:
Ein weiteres Beispiel ist die gezielte Akquise von Kunden durch Networking und persönliche Kontakte in der Branche. Gerade in der Startphase eines Unternehmens können persönliche Beziehungen und Netzwerke von großer Bedeutung sein, um potenzielle Kunden direkt anzusprechen und Vertrauen aufzubauen. Durch die Teilnahme an Branchenevents, Messen, Meetups oder Networking-Veranstaltungen können Unternehmen Kontakte knüpfen, Kooperationen eingehen und erste Kundenbeziehungen aufbauen. Eine strategische Kundengewinnung durch persönliche Kontakte kann dazu beitragen, die Aufmerksamkeit für die GmbH zu erhöhen und die ersten Umsätze zu generieren.

Unternehmensstrategie

Die Entwicklung einer langfristigen Unternehmensstrategie und deren regelmäßige Überprüfung sind entscheidende Schritte, um den langfristigen Erfolg und die Wettbewerbsfähigkeit eines Unternehmens zu sichern. Eine klare Unternehmensstrategie legt die langfristigen Ziele, Visionen und Maßnahmen fest, um das Unternehmen in die gewünschte Richtung zu lenken. Die regelmäßige Überprüfung dieser Strategie ermöglicht es, auf Veränderungen im Marktumfeld, den Bedürfnissen der Kunden und den internen Unternehmensressourcen zu reagieren und die Strategie bei Bedarf anzupassen.

Beispiel 1:
Ein Beispiel für die Entwicklung einer langfristigen Unternehmensstrategie ist die Implementierung einer Differenzierungsstrategie, um sich von Wettbewerbern abzuheben. Durch die Festlegung eines Alleinstellungsmerkmals, einer einzigartigen Positionierung am Markt oder einer besonderen Serviceleistung kann das Unternehmen seine Wettbewerbsvorteile stärken und eine langfristige Kundenbindung aufbauen. Die regelmäßige Überprüfung dieser Strategie ermöglicht es, die Marktentwicklungen zu analysieren, das Kundenverhalten zu beobachten und gegebenenfalls Anpassungen vorzunehmen, um die Wettbewerbsfähigkeit zu erhalten.

Beispiel 2:
Ein weiteres Beispiel ist die Einführung einer Innovationsstrategie, um langfristiges Wachstum und langfristige Erfolge zu fördern. Durch die Förderung von Forschung und Entwicklung, die Einführung neuer Produkte oder Dienstleistungen, die Digitalisierung von Prozessen oder die Erschließung neuer Märkte kann das Unternehmen langfristige Wachstumspotenziale erschließen und seine Marktposition stärken. Die regelmäßige Überprüfung dieser Innovationsstrategie ermöglicht es, den Erfolg von Innovationsprojekten zu messen, das Feedback der Kunden einzuholen und die Strategie kontinuierlich zu optimieren, um langfristige Erfolge zu gewährleisten.

Nach der Gründung

Nach der Gründung eines Unternehmens, insbesondere einer GmbH, gibt es eine Reihe von Schritten, die unternommen werden müssen, um das Unternehmen erfolgreich zu etablieren und zu betreiben.

Zunächst sollten die rechtlichen Formalitäten nach der Gründung erledigt werden. Dazu gehört die Anmeldung des Unternehmens beim Handelsregister, die Beschaffung notwendiger Genehmigungen und Lizenzen sowie die Steuerregistrierung.

Nach der Gründung ist es wichtig, die Geschäftstätigkeit des Unternehmens aufzunehmen und die operativen Abläufe zu etablieren. Dazu gehören die Einrichtung eines Bankkontos für das Unternehmen, die Entwicklung eines Geschäftsplans und die Festlegung von Strategien für Marketing, Vertrieb und Geschäftsentwicklung.

Ein weiterer wichtiger Schritt nach der Gründung ist die Personalbeschaffung und -entwicklung. Die Einstellung qualifizierter Mitarbeiter, die Schulung des Teams und die Festlegung von klaren Aufgaben und Verantwortlichkeiten sind entscheidend für den Erfolg des Unternehmens.

Darüber hinaus ist die Finanzplanung und -verwaltung nach der Gründung eines Unternehmens von entscheidender Bedeutung. Die Erstellung eines Budgets, die Verfolgung von Ausgaben, die Sicherung der Finanzierung und die regelmäßige Überprüfung der finanziellen Leistungsfähigkeit sind wesentliche Schritte, um die wirtschaftliche Stabilität und Nachhaltigkeit des Unternehmens sicherzustellen. Die frühzeitige Planung und Umsetzung einer soliden Finanzstrategie sind entscheidend für den langfristigen Erfolg des Unternehmens.

Des Weiteren ist es ratsam, nach der Gründung des Unternehmens strategische Partnerschaften und Netzwerke aufzubauen. Die Zusammenarbeit mit Lieferanten, Dienstleistern, anderen Unternehmen und potenziellen Kunden kann dabei helfen, die Geschäftstätigkeit zu erweitern, neue Geschäftsmöglichkeiten zu erschließen und die Marktposition des Unternehmens zu stärken.

Ein wichtiger Schritt nach der Gründung ist auch die kontinuierliche Überwachung und Analyse der Marktentwicklungen, der Wettbewerbssituation und der Kundenbedürfnisse. Durch Marktforschung, Feedback von Kunden und regelmäßige Analyse kann das Unternehmen auf Veränderungen und Trends reagieren, seine Angebote anpassen und seine Wettbewerbsfähigkeit sicherstellen.

Zusätzlich zur operativen Geschäftsführung nach der Gründung sollten auch langfristige Unternehmensziele definiert und verfolgt werden. Die Entwicklung einer klaren Unternehmensvision und Strategie, die regelmäßige Überprüfung der Zielerreichung und die Anpassung der Geschäftsstrategie sind entscheidende Elemente, um die langfristige Wettbewerbsfähigkeit und den Erfolg des Unternehmens sicherzustellen.

Insgesamt ist die Zeit nach der Gründung eines Unternehmens entscheidend für die weitere Entwicklung und den Erfolg des Unternehmens. Durch eine sorgfältige Planung, Umsetzung von Strategien und kontinuierliche Anpassung an sich verändernde Marktbedingungen kann das Unternehmen langfristig bestehen und sein Wachstumspotenzial ausschöpfen.

Checkliste für die GmbH Gründung

Die Checkliste soll Ihnen bei der systematischen und erfolgreichen Gründung einer GmbH helfen. Berücksichtigen Sie auch Ihre individuellen Anforderungen und spezifischen Bedürfnisse im Prozess.

1. Businessplan erstellen:

Erarbeiten Sie einen detaillierten Businessplan, der Ihre Geschäftsidee, Ziele, Zielgruppen, Wettbewerbssituation, Finanzplanung und Marketingstrategien umfasst.

2. Rechtsform wählen:

Entscheiden Sie sich für die Rechtsform GmbH und klären Sie die erforderlichen rechtlichen und steuerlichen Aspekte mit einem Rechtsanwalt oder Steuerberater ab.

3. Stammkapital einbringen:

Im Gründungsprozess muss das Mindeststammkapital von 25.000 Euro auf ein Geschäftskonto eingezahlt werden.

4. Gesellschafter bestimmen:

Benennen Sie die Gesellschafter und regeln Sie deren Rechte und Pflichten in einem Gesellschaftsvertrag.

5. Geschäftsführer ernennen:

Bestimmen Sie einen oder mehrere Geschäftsführer und klären Sie deren Aufgaben, Befugnisse und Vergütung.

6. Handelsregistereintragung:

Melden Sie das Unternehmen beim Handelsregister an und lassen Sie sich eine Handelsregisternummer geben.

7. Gewerbeanmeldung:

Registrieren Sie das Unternehmen lokal bei der zuständigen Gewerbebehörde.

8. Steuerliche Registrierungen:

Melden Sie das Unternehmen beim Finanzamt an und beantragen eine Steuernummer, um die Umsatzsteuer zu berechnen und abzuführen.

9. Sozialversicherungen und Berufsgenossenschaft:

Melden Sie sich und Ihre Mitarbeiter bei der Sozialversicherung und der Berufsgenossenschaft an.

10. Versicherungen abschließen:

Prüfen Sie den Bedarf an Versicherungen wie Betriebshaftpflicht, Berufshaftpflicht, Rechtsschutz, etc. und schließen Sie diese ab.

11. Eröffnung eines Geschäftskontos:

Richten Sie ein separates Geschäftskonto ein, um die unternehmerischen Transaktionen zu verwalten.

12. Marketing- und Vertriebsstrategie entwickeln:

Definieren Sie Marketingziele, Zielgruppen, Marketingkanäle und Maßnahmen zur Kundengewinnung.

13. Organisation der Geschäftsräume:

Richten Sie die Büros oder Geschäftsräume ein und kümmern Sie sich um die notwendige Infrastruktur.

14. Compliance und Datenschutz:

Stellen Sie sicher, dass Ihr Unternehmen geltenden Gesetzen, Vorschriften und Datenschutzbestimmungen entspricht.

15. Kontinuierliche Überwachung und Anpassung:

Behalten Sie die Entwicklungen im Blick, analysieren Sie regelmäßig die Unternehmensperformance und passen Sie Ihre Strategien bei Bedarf an.

Fragen und Antworten

In diesem Kapitel werden wir einige der häufigsten Fragen und Antworten rund um das Thema einer GmbH behandeln.

Ob es um die Haftung der Gesellschafter oder die steuerlichen Auswirkungen des Kapitals geht - diese Fragen und Antworten sollen Ihnen helfen, fundierte Entscheidungen zu treffen und die finanzielle Basis Ihres Unternehmens zu stärken.

Was ist eine GmbH?

Die GmbH, kurz für Gesellschaft mit beschränkter Haftung, ist eine Rechtsform für Unternehmen, bei der die Haftung der Gesellschafter auf ihre Einlage beschränkt ist.

Welche Mindestanforderungen gelten für die Gründung einer GmbH?

Für die Errichtung einer GmbH sind in Deutschland ein Mindeststammkapital von 25.000 Euro und in Österreich von 35.000 Euro sowie mindestens ein Gesellschafter und ein Geschäftsführer erforderlich.

Welche Schritte sind für die Gründung einer GmbH erforderlich?

Zu den gängigen Schritten zählen die Erstellung des Gesellschaftsvertrags, die Einzahlung des Stammkapitals auf ein Firmenkonto, die notarielle Beurkundung des Gesellschaftsvertrags und die Eintragung ins Handelsregister.

Welche Vorteile bietet eine GmbH im Vergleich zu anderen Rechtsformen?

Zu den Vorteilen einer GmbH gehören die Beschränkung der Haftung der Gesellschafter auf ihre Einlage, die juristische Eigenständigkeit des Unternehmens sowie die Glaubwürdigkeit und Vertrauenswürdigkeit gegenüber Geschäftspartnern.

Welche steuerlichen Aspekte sind bei einer GmbH zu beachten?

Eine GmbH unterliegt der Körperschaftssteuer und der Gewerbesteuer. Gesellschafter müssen zudem Einkommenssteuer auf ihre Gewinnausschüttungen zahlen. Es empfiehlt sich, einen Steuerberater hinzuzuziehen, um steuerliche Themen korrekt zu behandeln.

Warum ist es wichtig, effizient in die Gründung einer GmbH zu starten?

Effizientes Handeln ermöglicht es, Zeit und Ressourcen optimal zu nutzen, um schnell und erfolgreich zu starten.

Welche Schritte sind notwendig, um professionell in die Gründung einer GmbH zu gehen?

Dazu gehören die Erstellung eines soliden Businessplans, die Wahl der passenden Rechtsform, sowie die Erfüllung aller rechtlichen und formalen Anforderungen.

Wie kann man sicherstellen, dass der Start in die GmbH erfolgreich verläuft?

Indem man sich gründlich auf die Gründung vorbereitet, klare Ziele setzt, ein starkes Team aufbaut und kontinuierlich an der Optimierung des Geschäftsmodells arbeitet.

Welche Rolle spielt Effizienz bei der langfristigen Entwicklung einer GmbH?

Effizienz ist entscheidend für den langfristigen Erfolg einer GmbH, da sie dazu beiträgt, Prozesse zu optimieren, Kosten zu senken und die Wettbewerbsfähigkeit zu steigern.

Wie kann man sicherstellen, dass man auch nach der Gründung einer GmbH weiterhin professionell agiert?

Indem man sich regelmäßig weiterbildet, Kundenfeedback ernst nimmt, interne Abläufe optimiert und eine klare Unternehmenskultur pflegt.

Wie viele Gesellschafter sind für die Gründung einer GmbH erforderlich?

Mindestens ein Gesellschafter ist erforderlich, um eine GmbH zu gründen.

Welche Aufgaben hat der Geschäftsführer einer GmbH?

Der Geschäftsführer leitet die Geschäfte der GmbH, vertritt sie nach außen und ist für die Umsetzung der Beschlüsse der Gesellschafter zuständig.

Können Gesellschafter einer GmbH gleichzeitig Angestellte sein?

Ja, Gesellschafter einer GmbH können auch gleichzeitig Angestellte sein.

Welche Haftung tragen Gesellschafter einer GmbH?

Die Haftung der Gesellschafter ist grundsätzlich auf ihre Einlagen beschränkt.

Welche Rechte haben Gesellschafter einer GmbH?

Gesellschafter haben das Recht, an Gesellschafterversammlungen teilzunehmen, Beschlüsse zu fassen und am Gewinn beteiligt zu werden.

Wie erfolgt die Versteuerung von Gewinnen einer GmbH?

Gewinne einer GmbH unterliegen der Körperschaftsteuer und der Einkommensteuer.

Kann eine GmbH ohne Geschäftsführer betrieben werden?

Nein, eine GmbH muss mindestens einen Geschäftsführer haben.

Welche Risiken gibt es bei der Gründung einer GmbH?

Risiken bei der Gründung einer GmbH können u.a. in finanziellen, rechtlichen und operativen Bereichen liegen.

Müssen Gesellschafter einer GmbH auch im Handelsregister eingetragen werden?

Ja, die Gesellschafter einer GmbH müssen im Handelsregister eingetragen werden.

Welche Vorteile bietet eine GmbH im Vergleich zu anderen Rechtsformen?

Zu den Vorteilen einer GmbH zählen u.a. eine beschränkte Haftung der Gesellschafter, die Steuervorteile und das Ansehen als juristische Person.

Wie erfolgt die Gewinnverteilung in einer GmbH?

Die Gewinne einer GmbH können an die Gesellschafter in Form von Gewinnausschüttungen ausgeschüttet werden.

Können Fremdeigentümer an einer GmbH beteiligt sein?

Ja, fremde Investoren oder Unternehmen können als Gesellschafter an einer GmbH beteiligt sein.

Welche Informationen sind im Jahresabschluss einer GmbH enthalten?

Der Jahresabschluss einer GmbH umfasst die Bilanz, die Gewinn- und Verlustrechnung sowie den Anhang mit weiteren erläuternden Informationen.

Schlusswort

Die Gründung einer GmbH ist zweifellos eine bedeutende unternehmerische Entscheidung, die sorgfältige Planung, Fachkenntnisse und Durchhaltevermögen erfordert. Ich hoffe aufrichtig, dass die Informationen, Tipps und Anleitungen in diesem Buch Ihnen dabei geholfen haben, ein fundiertes Verständnis für die Komplexität und die Chancen einer GmbH-Gründung zu entwickeln.

Die Unterstützung unseres Teams steht Ihnen jederzeit zur Verfügung, um Sie auf Ihrem Weg zur erfolgreichen GmbH zu begleiten. Von der Ideenfindung über die rechtlichen Aspekte bis hin zur täglichen Geschäftsführung sind wir bestrebt, Ihnen mit Fachwissen, Engagement und Zuverlässigkeit zur Seite zu stehen.

Denken Sie daran, dass der Weg zur Gründung und Führung einer GmbH mit Herausforderungen und Hürden verbunden sein kann, aber auch mit zahlreichen Möglichkeiten und Erfolgen. Bleiben Sie fokussiert, behalten Sie Ihr Ziel im Auge und vertrauen Sie auf Ihr Wissen und Ihre Fähigkeiten. Mit der richtigen Unterstützung und einem klaren Plan können Sie Ihre unternehmerischen Ziele erreichen und Ihre Visionen verwirklichen.

Ich möchte Sie ermutigen, weiterhin nach Exzellenz zu streben, Neues zu lernen und mutige Entscheidungen zu treffen. Die Gründung einer GmbH ist nicht nur der Start eines Unternehmens, sondern auch der Beginn eines aufregenden und herausfordernden Unternehmensabenteuers. Gehen Sie mit Begeisterung, Entschlossenheit und Zuversicht voran – und seien Sie gewiss, dass wir stets bereit sind, Ihnen bei jedem Schritt zur Seite zu stehen.

Vielen Dank, dass Sie dieses Buch gelesen haben. Ich wünsche Ihnen viel Erfolg, Freude und Erfüllung auf Ihrem Weg zur erfolgreichen GmbH-Gründung.

Mit besten Grüßen,

Stefan Stelzhammer

Track Record - Stefan Stelzhammer

Meine **Erfahrung als Berater und Mediator** erstreckt sich über viele Jahre hinweg. In dieser Zeit konnte ich eine Vielzahl von Fällen erfolgreich abschließen und sowohl Privatpersonen als auch Unternehmen dabei helfen, Konflikte aufzulösen und langfristige Lösungen zu entwickeln. Dabei ist es mir stets wichtig gewesen, individuelle Bedürfnisse und Anforderungen zu berücksichtigen und maßgeschneiderte Lösungen anzubieten.

Als Mediator unterstütze ich Unternehmen bei der Lösung von Konflikten mit ihren Kunden oder Partnern. Mit meinem diplomatischen Geschick und meiner ausgeprägten Kommunikationsfähigkeit gelingt es mir oft, eine Win-Win-Situation herbeizuführen und somit beide Parteien zufriedenzustellen. Als Mediator begegne ich im Alltag vielen verschiedenen Themen und Herausforderungen.

Ein besonders spannendes Feld ist zudem die Abwicklung und Begleitung von **Firmengründungen**. Hier arbeite ich eng mit Gründern zusammen und helfe ihnen bei der **Entwicklung ihres Unternehmenskonzeptes** sowie in allen Phasen des Gründungsprozesses.

Ein weiterer großer Aufgabenbereich ist die **Streitschlichtung** zwischen **Mietern und Vermietern** bzw. **Hausverwaltungen**. Hierbei geht es oft um Fragen der Mietpreisgestaltung, Kündigungsfristen oder auch um **Schadensersatzansprüche**.

Als erfahrener Mediator im Bereich Sozialversicherungsrecht habe ich bereits viele erfolgreiche Abwicklungen von **Pension**, **Pflegegeld**, **Invaliditätspension** und weiteren Leistungen im Rahmen der Sozialverischerung wie **Rezeptgebührenbefreiung**, **Kur- und Rehaaufenthalte** begleitet.

Durch meine langjährige Tätigkeit als Mediator verfüge ich über ein breites Netzwerk an Experten und Fachleuten wie Ärzte, Anwälte, Notare, Wirtschaftstreuhänder und vieles mehr die im Rahmen einer Abwicklung von Fällen unerlässlich sind.

Auch **Scheidungsverfahren** gehören zu meinem Arbeitsalltag als Mediator. Dabei unterstütze ich Paare dabei, eine einvernehmliche Lösung zu finden und begleite sie durch den Prozess der Trennung.

Meine **jahrzehntelange Erfahrung** in der **Versicherungsbranche** sowohl im Innen- als auch im Außendienst hat mir dabei geholfen, ein umfassendes Verständnis für die Bedürfnisse und Anforderungen meiner Kunden zu entwickeln. Als **selbstständiger Berater und Mediator** konnte ich dieses Wissen dann nutzen, um individuelle Lösungen für meine Klienten zu finden.

Durch meine **langjährige Tätigkeit im Versicherungsvertrieb (inkl. Aufbau eines eigenes Vertriebsteams)** verfüge ich über ein tiefgreifendes Verständnis für die Anforderungen des Marktes sowie für die Bedürfnisse meiner Kunden. Hierbei konnte ich mich insbesondere in den Bereichen **Krankenversicherung**, **Lebensversicherung** und **Sachversicherung** spezialisieren und konnte dabei auch meine Fähigkeiten in der **Schadenabwicklung** weiter ausbauen.

Meine Erfahrung im Versicherungswesen ermöglicht es mir, schnell und effektiv zu handeln. Ich weis genau, welche Schritte notwendig sind, um die bestmögliche Entschädigung für Sie als Kunden zu erzielen. Dank meiner langjährigen Erfahrung und meinem unermüdlichen Einsatz können Sie sich auf mich verlassen, wenn es darum geht, Ihre Interessen bei **Versicherungsschäden** durchzusetzen.

In den letzten Jahren habe ich mich intensiv mit Themen wie **Mediation**, **Versicherung** sowie **Trennung- und Scheidung** auseinandergesetzt und als **Autor** mehr als 20 Bücher zu diesen Bereichen veröffentlicht.

Als **Geschäftsführer** eines erfolgreichen Start-up-Unternehmens konnte durch meine Planung und Durchführung maßgeblich zum Erfolg des Unternehmens beigetragen. Schließlich kam es zum Verkauf des Unternehmens an eine ungarische Investorengruppe. Auch hier konnte ich meine Fähigkeiten als Geschäftsführer unter Beweis stellen: Ich sorgte dafür, dass der Verkaufsprozess reibungslos verlief und das Unternehmen zu einem attraktiven Preis verkauft wurde.

Ich bin stolz darauf, vielen Menschen in schwierigen Situationen geholfen zu haben und freue mich darauf, auch in Zukunft gemeinsam mit meinen Klienten erfolgreich zu sein.

Mit freundlichen Grüßen,

Stefan STELZHAMMER

Mediator und Buchautor
Tel.: 0664 230 2958
Mail: mediation@stelzhammer.info
www.stelzhammer.info
https://stelzhammer.info/publikationen

Meine Internetpräsenz

Um stets auf dem neuesten Stand zu bleiben, lieber Leser, können Sie jederzeit die Websites stelzhammer.info oder https://www.instagram.com/stefan.stelzhammer besuchen und meine aktuellen Buchveröffentlichungen verfolgen.

In meinen Publikationen möchte ich Ihnen helfen, Ihre Konflikte eigenständig zu lösen und Ihnen dabei das erforderliche Wissen vermitteln. Zusätzlich stehe ich gerne für persönliche Termine zur Verfügung, um den Konflikt gemeinsam mit Ihnen zu besprechen.

Sofern Sie zu dem hier vorliegenden Werk Fragen, Anregungen, Lob oder Kritik haben, freuen wir uns über eine Kontaktaufnahme unter www.stelzhammer.info oder per E-Mail an mediation@stelzhammer.info.

Mit freundlichen Grüßen,
Stefan Stelzhammer

STEFAN.STELZHAMMER

Weiterführende Informationen

Als weiterführende Lektüre empfehle ich folgende Werke von mir zu lesen:

Die einvernehmliche Scheidung: eine gemeinsame Entscheidung
// ISBN-13 : 979-8590869091

Mein aktuelles Buch beschäftigt sich mit allen Blickwinkeln rund um die einvernehmliche Scheidung. Dabei gehe ich sehr genau auf den Scheidungsantrag, die Scheidungsvereinbarung und die Scheidungsverhandlung, die gesetzlichen Regelungen, sowie die Voraussetzungen für das erfolgreiche Zustandekommen einer einvernehmlichen Scheidung ein. Als Ratgeber konzipiert, soll Ihnen dieses Buch das nötige Rüstzeug für Ihre eigene Scheidung geben und Sie auf Ihrem Weg zu einem neuen Leben begleiten.

Wirtschaftsmediation: Konflikte im Unternehmen
// ISBN-13 : 979-8689950808

Anhand einer detailgetreuen Reflexion meiner Praxiserfahrung befasse ich mich mit den Alltagsproblemen und Herausforderungen von Unternehmen und zeige Ihnen in weiterer Folge erfolgreiche Wege aus einer Konfliktsituation.

Alle meine Bücher finden Sie auch auf
www.amazon.de
oder unter
https://stelzhammer.info/publikationen

STEFAN STELZHAMMER

"Die GmbH erfordert Effizienz, Professionalität und ein klares Ziel - bereite dich vor und starte erfolgreich durch."

www.ingramcontent.com/pod-product-compliance
Lightning Source LLC
Chambersburg PA
CBHW071959210526
45479CB00003B/993